# 太喜歡歷史了！

給中小學生的輕歷史

3

## 秦與西漢

# 秦



# 西漢

# 秦

文：郭怡菲，書魚
繪：蔣講太空人（時代背景）
Ricky（衣食住行，歷史事件）

時代背景

# 你知道「天下」為何物嗎？

從字面上來看，「天下」可以理解為普天之下所有的土地和生靈。最初，「天下」的概念還沒有特別的空間界限，直到春秋戰國時期，諸侯割據四方，「天下」的範圍才逐漸具體化，指的是以黃河流域為中心的中國版圖。

當時，各諸侯為了成為天下的主宰者，前後混戰五百多年，最終秦國滅六國，成為最後的贏家。在親手結束混亂的戰國時代後，秦王嬴政開始建立自己的帝國，下令統一貨幣、統一馬車的軌距、統一文字，並且廢除了延續數百年的分封制度，為的就是將所有權力集中在自己手裡。秦朝因此成為了中國漫長歷史洪流中第一個中央集權的朝代，秦王嬴政也成為中國第一位皇帝，史稱秦始皇。

隨著秦朝建立，「天下」這個概念正式與政治世界相連。對秦始皇來說，秦朝的疆域就是他的天下，但他的獨斷專制卻激起天下人的反抗。繁重的傜役、沉重的賦稅負擔以及殘酷的刑法等，使得越來越多的人加入了推翻秦朝的隊伍，秦朝就這樣一步步走向滅亡。

衣食住行

# 生活在秦朝

秦朝皇帝穿黑色的衣服，高級官員穿綠色的衣服，那麼普通百姓穿什麼顏色的衣服呢？

## 衣

結束戰國亂世後，秦始皇最在意的事，就是如何建立一個偉大的帝國。

在建國之初，秦始皇大費周折，統一全國上下的衣冠制度。當時，從春秋戰國時期就開始流行的「深衣」，已經走進了秦朝普通百姓的日常生活。不過，與之前不同的是，秦朝的「深衣」通常袖筒寬大、袖口較

窄。不僅如此，秦始皇還根據「五德終始說」（見19頁說明），將黑色做為秦朝最尊貴的顏色，禁止普通百姓穿黑色的衣服。高級官員只能穿綠色的衣服，而普通百姓都穿白色的衣服。

## 食

秦國的疆域，以陝西中部的關中一帶為中心。這個地區乾旱少雨，非常適合小麥生長，因此，秦國的百姓主要吃麵食。此外，粟也是秦人的主食之一。秦朝建立

後，不斷向外擴張，百越（長江以南到越南北部地區）也被秦軍征服。就這樣，中原地區先進的烹飪技術傳入百越，當地人利用鐵

質的炊具和特有的食材，形成了當地的特色菜式。人們這時才開始意識到：「原來每個地區的口味都是不一樣的啊！」

### 原來是這樣啊

**咥飯**

你知道在陝西方言裡，吃飯不叫吃飯，叫咥飯嗎？「咥」就是「咬」的意思。相傳「咥飯」這個詞，早在先秦時期就出現了，陝西關中、河西走廊一帶的百姓沿用至今。

## 住

在古代，山的南面和水的北面稱為「陽」，山的北面和水的南面則叫作「陰」。秦國的咸陽城，正好同時位於九嵕山的南面和渭水的北面，所以被稱為咸陽，意思是「全都是陽」。從戰國時期開始，咸陽就做為秦國都城而聞名天下，秦朝建立後，秦始皇以咸陽為中心，修建

了龐大宮殿建築群，咸陽城裡有繁榮穩定的民間商業集市，用現在的話來說，咸陽就是秦朝的首都。

## 行

對秦朝人來說，日常生活最大的變化，就是交通比以前更方便了！春秋戰國時期，諸侯國之間長年交戰，到處都是關塞堡壘。加上各國道路寬度都不同，人們在旅途中經常需要不停的更換馬車，十分麻煩。秦始皇統一天下後，下令拆除這些關塞堡壘，興修道路，有往東、往南的馳道，有往北的直道，加上秦國早年在西南地區修築的五尺道，漸漸的把秦朝的交通網建立起來了！

用

春秋戰國時期通行的貨幣有很多種，這種混亂的局面當然不利於整體經濟發展，因此秦始皇統一全國的貨幣，將貨幣分上下兩種：上幣是黃金，以鎰ㄧˋ為計量單位；下幣是秦國最通用的銅錢——半兩錢，這種小巧的方孔圓形幣，使用起來十分方便，所以幣形被保留下來，在中國使用了兩千年。

### 原來是這樣啊

**以鎰稱銖**

拿鎰ㄧˋ與銖ㄓㄨ相比，表示雙方力量懸殊，有一方處於絕對優勢。

鎰與銖都是中國古代的重量單位，二十兩或二十四兩為一鎰，二十四銖為一兩。

歷史事件01

# 最初的皇帝需要做什麼？

## 第一個「皇帝」

西元前二二一年，秦王嬴政完成了統一六國的歷史大業。五百多年亂世結束後，中國迎來了歷史上第一個大一統的封建王朝。

對於這樣的豐功偉業，嬴政相當自豪，而李斯等大臣也恭維他的功業超過古代三皇五帝。因此，他把「皇」與「帝」連在一起，稱「皇帝」，並自稱「始皇帝」。從此，「皇帝」就成為中國古代封建社會中最高統治者的專稱，並且被歷朝歷代的君主沿用。

統一天下之後，統治區域比以前擴大了很多，經過激烈討論之後，秦始皇嬴政採取大臣李斯的建議，推行郡縣制，取代周朝的分封制。

◀秦始皇與李斯。

## 什麼是郡縣制？

郡縣制把全國分為三十六個郡，後來增加到四十郡，郡下面又分為若干個縣。在分封的時代，諸侯各霸一方，自立為王，而郡縣制能讓皇帝直接控制全國各個地區，嬴政就這樣成功的將權力集中到手中。這種封建中央集權制度，在中國延續了兩千年。

除了建立新的行政制度外，嬴政還建立了一套中央官僚制度來協助他治理國家，那就是三公九卿制度。三公指的是丞相、御史大夫和太尉，九卿則是中央行政長官的總稱。他們各有職責，分工合作，幫助皇帝治理國家。

▲秦始皇陵墓裡的兵馬俑。

**大事記**

**世界**　西元前218年，羅馬共和國與迦太基的第二次布匿戰爭開始

**中國**　西元前221年，秦王嬴政統一六國

## 一統天下是正當的嗎？

嬴政建立秦朝後，需要一種理論來支持他兼併六國、一統天下的正當性，而「五德終始說」正好符合需求。古人把金、木、水、火、土當做構成世界的基本元素。「五德」是指金、木、水、火、土所代表的五種德性。「終始」指「五德」周而復始的循環運轉。

戰國時期齊國的陰陽家鄒衍認為，金、木、水、火、土所代表的五德，各有特點，並且相生相剋。只要宣稱自己有「德」，取而代之、拿下統治權，便有了合理性。在嬴政看來，秦朝以「水德」代替周朝的「火德」，符合五德運行的規律。

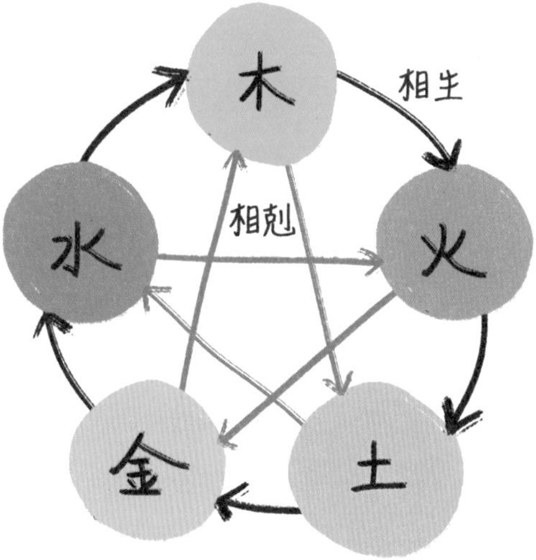


▲「五德終始說」示意圖。

## 奇蹟陵墓

古人相信肉體死後靈魂還存在。為了讓自己死後依然享受榮華富貴，嬴政令人在驪山修建宏偉的陵墓，也就是後來的秦始皇陵，又稱驪山陵墓。這個超級陵墓，前後修建了三十九年，是按照都城的建築情況進行布局建造的。除了有專門安葬秦始皇的陵墓之外，還有三道城牆將陵園分為內城、外城，陵園內還有陪葬墓等附屬建築。

舉世聞名的秦始皇陵兵

馬俑坑，就是秦始皇陵的附屬建築之一。秦朝以俑（殉葬用的偶）代替活人殉葬。兵馬俑顧名思義，是秦始皇用來代替軍隊的殉葬品。兵馬俑坑內出土的數千件體型高大的陶俑和陶馬，是秦朝工匠的雕塑傑作；陶俑都是按照秦國將士的真實形象雕塑的，面目表情豐富，神態逼真，具體且真實的展示了秦朝軍隊的兵種、編制、武器裝備。

嬴政不僅下令建造最宏偉的陵墓，還在咸陽大興土木，建造娛樂用的超級宮殿——阿房宮。這個宮殿的規模在當時是史無前例的，據說能夠容納十萬人！由於工程實在是太浩大了，直到秦朝滅亡也還沒有完成。

▶ 秦朝宮殿咸陽宮。

歷史事件02

# 萬里長城有什麼用？

匈奴是遊牧民族，生活在秦、趙、燕以北的廣大地區，是中原國家的鄰居，但是這鄰居經常欺負中原百姓，跑來搶奪糧食和財產。秦滅六國時，各國都在打仗，匈奴便趁機佔據了河套地區。

河套地區的地理位置，恰好就在秦國都城的背後。因此，秦朝建立後，匈奴成了嬴政頭疼的問題。後來，秦軍一面攻打嶺南，一面在北方與匈奴交戰。在大將軍蒙恬領軍下，強悍的秦軍很快就奪回被匈奴佔據的河套地區，並在這裡設置了九原郡。

為了防止匈奴南下，嬴政決定修築長城來防禦匈奴。其實，抵禦匈奴的長城並不是秦朝才開始興建的，早在戰國

▶ 秦朝修築長城是為了抵禦匈奴。

時期，秦、燕、趙三國都修築過。秦朝的長城，其實就是將秦、燕、趙三國所興建的長城連接起來，並向兩側延伸出去，向西延伸到臨洮ㄊㄠˊ（位在現今甘肅），向東延伸到遼東郡（主要在現今遼寧），形成綿延五千多公里的萬里長城，史稱秦長城。

當時的工具十分簡陋，運輸也不發達，因此，修築長城是很艱難的大工程。儘管萬里長城能夠防禦匈奴進犯，但是繁重的工作造成百姓的重大負擔，上百萬缺衣少食的勞工，被徵調投入修築長城的工程，每天都有大批人累死、餓死，這也成為秦末農民起義的原因之一。

**大事記**

**世界** 西元前214年，第一次馬其頓戰爭開始

**中國** 西元前214年，大將軍蒙恬驅逐匈奴

歷史事件03

# 讀書人飛來橫禍！

西元前二一三年，為了慶祝秦軍輝煌的戰績，嬴政在咸陽宮舉行宴會慶祝。這時，博士（官職名）淳于越對郡縣制提出不同的意見。淳于越認為，廢除分封制以後，一旦中央發生奪權的事故，統治者將難以自救，所以他認為應當遵循周朝的分封制。丞相李斯當然不以為然，反駁淳于越：「歷史是不停的發展變化的，怎麼能用過去的事例否定現實呢？」最後，李斯把淳于越的這番言論歸因於讀書，認為讀書太多，會使人思想混亂，進而影響皇帝的權威。於是，李斯建議，除了博士收藏的書籍之外，民間只能保留醫書、占卜書和有關種樹的書，《詩》、《書》、諸子百家，以及其他書籍，都應該燒掉。秦始皇可不願意自己的權力被動搖，立刻批准了這個建議，並下令全國奉行，結果大量文化典籍化為灰燼。雖然博士收藏了一些書籍，但不幸的是，這些書籍又在秦末農民戰爭中被毀。

一統天下的嬴政，幻想長生不死，於是有一些方士（古代研究神仙、煉丹等法術的人）謊稱可以獻上長生不老藥，想騙取信任。但是嬴政也不傻，他規定，方士獻上的方法如果無效，就要處死。自知無法獻上仙藥的方士盧生與侯生，只得逃之夭夭，並散布對嬴政不利的傳言。

嬴政大怒，但盧生與侯生早已跑得無影無蹤，嬴政只好下令把涉及誹謗他的方士和儒生通通抓起來審問。這些人迫於壓力，相互

**大事記**

**世界**

**中國**
西元前213年，秦朝頒布焚書令

告密。最終，嬴政圈定了四百六十多人，下令將他們活埋，這便是歷史上著名的「焚書坑儒」事件，這個事件也使秦朝加速滅亡。

▼秦始皇下令燒書。

歷史事件04

# 忍無可忍！秦朝的末路！

## 百越之戰

秦統一六國之後，開始對其他地區虎視眈眈，打算進一步加強控制周邊地區。

廣大的南方，住著眾多尚未被征服的部落，他們與中原民族不同，被稱為「越人」，這些大大小小的部落合稱「百越」。

西元前二一九年，秦朝派大將軍屠睢(ㄙㄨㄟ)進攻百越。但是越人佔據地理優勢，頑強抵抗，秦軍就算不吃不睡，也攻不下來。直到西元前二一四年，一條名為靈渠的運糧河道修造完工，為秦軍提供了

大事記

世界

中國：西元前210年，秦始皇死於沙丘，胡亥即位（秦二世皇帝）

◀秦朝將百姓遷往嶺南。

充足的糧草，秦軍才取得勝利。拿下南方地區後，秦朝在這裡設置了南海、桂林、象郡三個郡。

西元前二一〇年，秦軍擊敗最後的百越勢力甌ㄡ駱部落，包含現在的廣東、廣西的南方地區這才完全納入秦朝領土。由於百越地區物產豐富、人煙稀少，秦朝先後派遣約十五萬百姓、失職官員、士兵移民嶺南。大規模的遷徙，讓關中人口大大減少。

## 全國巡遊

秦始皇嬴政延續了周王朝巡行的慣例，先後進行五次全國巡遊，每次都花很長時間遊覽風景、封禪或是巡視邊防。

但旅途並不總是順利開心的。嬴政第三次巡遊途中，韓國貴族的後人張良想要刺殺嬴政，安排一名大力士，埋伏在嬴政途經的

**大事記**

**世界** 西元前209年，冒頓殺了父親頭曼，自立為單于，統一匈奴

**中國** 西元前209年，陳勝、吳廣起義

地方。車駕經過的時候，這名大力士突然跳出，用巨大的鐵鎚發動襲擊！但是誤打誤撞只擊中了隨從的車輛，嬴政逃過一劫。

西元前二一〇年，嬴政第五次巡遊，前往沙丘行宮（現今河北境內）時，突發重病死去。宦官趙高和丞相李斯合謀，扶持嬴政的小兒子胡亥當皇帝，也就是秦二世。

胡亥當上皇帝時才二十歲，並不懂得治理國家，因此對幫助自己奪取皇位的趙高十分信任，授予趙高「郎中令」的職位。趙高本是一名地位很低的宦官，忽然得到皇帝重用，內心非常惶恐，既害怕大臣不服氣，又害怕嬴政其他的兒子對胡亥當皇帝不滿。於是趙高找了許多理由，竭力勸說胡亥誅殺大臣和三十幾個兄弟姊妹。

這些公子和公主，有的被殺，有的自殺，有的因為害怕家人受牽連而主動要求為秦始皇殉葬。有功勞、有能力的大臣紛紛被害，就連丞相李斯也沒能逃過趙高的毒手。一時之間，人心惶惶，憤怒的情緒在民間悄悄滋生。

▲陳勝、吳廣起義。

胡亥比他的爸爸嬴政更加殘酷，徵召大批百姓修建宮殿、陵墓、道路、城牆等大型工程，死傷不計其數。人民一年到頭不停的勞動，生活暗無天日，活在恐懼和憤怒之中。後來，終於有人忍無可忍，一場驚天動地的農民起義爆發了。

## 人民力量爆發

西元前二〇九年秋天，一支九百多人的隊伍在大澤鄉（現今安徽）駐紮。他們是被派往漁陽防守邊境的貧苦百姓，由陳勝和吳廣帶領。這天，望著天上一直下個不停的大雨，陳勝和吳廣都很苦惱。他們在大澤鄉已經停留好幾天了，雨還是不停，道路也因大雨而阻斷，無法通行。

### 成語講堂

**指鹿為馬**

指著鹿說是馬，比喻混淆是非。

大權在握的趙高，為了試探群臣對自己是否忠心，就向胡亥進獻了一頭鹿，並當著大臣的面，說這是一匹馬。胡亥驚訝的說：「這明明是鹿，怎麼說是馬呢？」他詢問左右大臣，有人說是鹿，有人說是馬。趙高暗暗記下說是鹿的那些大臣，日後找機會陷害他們，這樣一來，大家再也不敢不聽他的了。後來人們便用「指鹿為馬」比喻故意顛倒黑白，混淆是非。

秦朝的法律十分嚴苛，如果他們不能按時到達漁陽，所有人都會被處死。陳勝和吳廣心知絕對無法準時到達，難逃一死；即使逃跑，被抓回也是死罪。面對一個必死的局面，他們決定乾脆發動起義來反抗秦朝。

陳勝聽說，本來應當是公子扶蘇當皇帝，但胡亥利用陰謀殺害了扶蘇，自己當了皇帝；還有一個叫項燕的楚國將軍，受楚人愛戴，如今下落不明。他認為，自己和吳廣可以假裝是公子扶蘇和項燕的人，站出來呼籲大家一起反抗。

吳廣偷偷把寫有「陳勝王」的紙條藏入魚肚，半夜在草叢中學狐狸叫，說楚國會復興。大澤鄉原本就是楚國的土地，人們正為即將到來的死刑發愁，所以兩人的計策十分有效。大家為了保命，合力殺死了押送他們的士兵，陳勝登高一呼，許多人願意跟隨他起義！

陳勝、吳廣起義的消息傳出，隨即就有更多人響應，並效仿他們殺死壓迫百姓的秦朝官吏。這些響應者，有的是當年六國的舊貴族，比如項羽；有的是秦朝的下層官吏，比如劉邦。

歷史事件05

# 秦朝是怎麼敗亡的？

秦朝為什麼那麼快就滅亡？有人願意生活在秦朝嗎？

## 超級大力士項羽

隨著起義的人越來越多，形勢也越來越亂。陳勝和吳廣的軍隊雖然贏得幾次大勝，卻沒有能力領導部眾、凝聚人心，漸漸顯露敗象。後來，吳廣、陳勝相繼犧牲，劉邦和項羽便成為當時最有實力的起義軍領袖。

項羽是楚國貴族後裔。當年秦國消滅楚國時，項羽只有十一歲。後來，項羽在嬴政巡遊途中，遠遠望見了始皇帝，脫口而出說：「我可以取而代之！」志向遠大的項羽，長大後高大勇猛，二十幾歲時已能徒手扛起一個大鼎。

起義期間，項羽和叔父項梁，帶領一支由八千家鄉子弟組成的部隊。陳勝、吳廣死後，項梁聽從謀士范增的勸說，將楚懷王的孫子熊心尊為領袖，也稱他為楚懷王，並借助他的聲望來聚攏人心。可惜後來項梁因為驕傲輕敵，被秦軍殺死。最主要的兩支起義軍隊，便分別由項羽和劉邦率領。

## 破釜沉舟的鉅鹿之戰

秦軍打敗項梁之後，把來自趙國的軍隊圍困在鉅鹿（在現今河北）。楚懷王熊心任命宋義擔任

上將軍，項羽擔任次將，率兵支援鉅鹿。宋義是個不分輕重的人，行軍到半路就停了下來，拖延了四十六天都不肯往前，只顧自己喝酒享樂，任由軍中士兵饑寒交迫而不聞不問。眼見勝利的時機就要錯過，項羽忍無可忍，拔劍殺死了宋義，自己率領這支兵馬北上。

要去鉅鹿，必須渡過一條大河——漳水。為了激勵士氣，大軍一過河，項羽就命人鑿沉所有船隻，燒毀營地，甚至連吃飯用的鍋碗瓢盆都打碎了。每個士兵帶的乾糧只夠吃三天，因此，和秦軍這場仗，只能勝利，不能失敗！西元前二〇七年冬天，起義軍和三十萬秦軍在鉅鹿大戰。項羽這支英勇而有決心的軍隊，果然大獲全勝。

**大事記**

**世界**

**中國** 西元前207年冬，發生鉅鹿之戰

▶劉邦和項羽的起義軍隊。

### 成語講堂

**破釜沉舟**

比喻做事果決、義無反顧。

起義軍砸破鍋碗、鑿沉大船，抱著必勝的決心前往鉅鹿與秦軍決一死戰。後來人們用「破釜沉舟」來形容「不給自己留後路，下定決心不顧一切拚到底」的精神。

## 咸陽變故

當秦軍與起義軍大戰時，咸陽宮廷裡也正上演宮鬥。秦二世胡亥根本就不願意操心國家大事，趙高就順水推舟勸他：「以後您不要召見大臣了，有什麼事吩咐我就行。」這正合胡亥的心意。久而久之，權力就全落在了趙高手中。

趙高和李斯當初因利益聯合在一起，這時也因利益而反目。趙高向胡亥告狀，說李斯意圖謀反，將他捕捉入獄。李斯在獄中不堪酷刑折磨，只得認罪，最後被腰斬。這樣一來，趙高又升職做了丞相。

項羽進軍北上時，劉邦也領著軍隊從西面進攻，一路勢如破竹，打到了武關（在現今陝西）。秦朝的統治搖搖欲墜，趙高害怕胡亥責難，於是先下手為強，讓女婿帶人去望夷宮殺了胡亥。胡亥臨死才恍然大悟，卻已經太晚了。

胡亥死後，趙高又找來胡亥的侄子子嬰當傀儡。但因為各地起義，秦朝的統治已經名存實亡，所以趙高向大臣們說，如果現在還稱皇帝，就只是一個有名無實的稱號罷了，不如還像以前一樣，叫秦王算了。

但子嬰與胡亥不同，他是個清醒聰明的人，早看穿了趙高的底細，知道趙高擁立他為王，是在利用他，隨時也可能將他殺死。於是，子嬰設計剷除了這個奸臣。然而沒過多久，劉邦率領的軍隊打到了咸陽城外，就算神仙也無力回天。剛當了四十六天秦王的子嬰得到消息，只好乘坐沒有裝飾的車，在脖子上套上繩子，表示自己有罪，捧著皇帝用的玉璽，向攻入咸陽的劉邦投降。

西元前二〇六年，秦王朝輝煌而短暫的統治宣告結束。

▼民眾聚在一起，看劉邦臨時制定的三條法律。

成語講堂

## 約法三章

劉邦入咸陽，臨時制定三條法律，軍民共同遵守。後來泛指事先約好或規定的事。

劉邦攻進了咸陽，子嬰投降，秦朝的宮殿、財寶、美女，都唾手可得。但是在手下樊ㄈㄢˊ噲ㄎㄨㄞˋ與張良勸說下，劉邦很快就從這些誘惑中清醒過來，將軍隊退到灞上，召集民眾，跟大家約定：一，殺人者要被處死；二，傷人者要抵罪；三，盜竊者要受到懲罰。

這三條法令安撫了驚恐的百姓，維持了咸陽的秩序，人們紛紛稱讚劉邦是一位講道理的領袖。

歷史事件06

# 史上最有名的一場宴會！

項羽帶領四十萬聯軍挺進關中時，佔領咸陽的劉邦只有十萬兵力。不論士兵的人數、將領的能力或是統帥的威望，劉邦都不能與在鉅鹿擊潰秦軍、意氣風發的項羽相比。所以他選擇退出咸陽，將軍隊駐紮在咸陽城外的灞上，做出示弱的姿態。

當時有人說，項羽對於劉邦搶先佔領咸陽，十分不滿，想要攻打劉邦，所以劉邦的手下都很擔心。甚至連左司馬（相當於副總參謀長）曹無傷也暗中向項羽投誠，還慫恿項羽消滅劉邦。而且，項羽對劉邦之前阻止他入關一事非常生氣，聽從謀士范增的勸說，決定邀請劉邦到自己地盤的鴻門來吃飯，打算在宴會上殺了他。

誰知，項羽的計畫被人洩露了。有個叫項伯的將領，因為劉邦手下的軍師張良對他曾有救命之恩，所以他連夜通風報信，讓劉邦小心提防。

## 鴻門宴 劉邦逃過一劫

劉邦只帶著一百多人馬來到項羽軍營赴宴。他放低姿態，向項羽解釋，自己雖然先進入咸陽，但他並沒有稱霸關中的野心，還提出要將已經獲得的城池、財物和秦朝宗室等等，都交給項羽處置。加上項伯也為劉邦說好話，鬆動了項羽的心防，決定暫且放劉邦一馬。

項羽的心腹范增，一直認為絕不能小看了劉邦，否則將來劉邦必定成為項羽的大患，於是在宴會上頻頻舉起身上佩戴的玉珮，跟項羽打暗號，提醒他早下決斷，除掉劉邦。然而由於劉邦在宴會上的表現，讓項羽覺得他威脅不大，不願擔上「不義」的名聲，所以對范增的暗號無動

大事記

世界

中國 西元前206年，鴻門宴。項羽自立稱西楚霸王。楚漢戰爭開始

於衷。

　　范增只好讓將領項莊在酒宴中向劉邦敬酒，並且舞劍助興，伺機刺殺劉邦。項莊的劍勢淩厲，幾次險些刺中劉邦。「身在楚營，心繫劉邦」的項伯看到這一幕，立刻站了起來，表面上是與項莊一起舞劍，暗中則是保護劉邦，阻止項莊刺殺。

　　正緊張時，劉邦手下的勇將樊(ㄈㄢˊ)噲(ㄎㄨㄞˋ)用盾牌頂開了宴會門口的守衛，衝入會場。大家都說項羽發怒時，沒有人不害怕的，然而在項羽面前，這個樊噲更有氣勢。他大塊吃肉、

▼項羽、劉邦二強競爭，史稱楚漢相爭。

大口喝酒，看似兇神惡煞，但說話頭頭是道。他說項羽聽信小人的話，居然要跟劉邦絕交，這不就讓天下人誤會項羽了嗎？項羽聽後，更加猶豫了。

這時，逃過一劫的劉邦藉口要上廁所，偷偷離開項羽的軍營，留下張良向項羽辭行。范增知道劉邦已經逃跑，非常生氣，當場拿劍砍碎了劉邦贈送的玉器，大罵項羽過於仁慈，歎息說：「恐怕將來奪取天下的，就是這個逃得一命的劉邦了！」項羽卻不以為然。

## 項羽自立為西楚霸王

由於劉邦已當面表示臣服，項羽以為自己天下無敵了，準備以自己的想法治理天下。首先他要做的，就是恢復戰國時代的分封制。項羽希望把天下分成多個勢力，自己則可以像春秋時代的齊桓公、晉文公那樣，做為天下霸主。

鴻門宴過後不久，項羽就假惺惺的尊奉楚懷王熊心為義帝，然後自立為西

▼劉邦命人修築棧道，暗度陳倉。

## 成語講堂

### 明修棧道，暗度陳倉

用假像迷惑、誤導對方，並趁對方不備而出奇制勝。

「棧道」是古人在懸崖峭壁等地勢險要的地方，鑿孔置入支架、鋪上木板所修建的通道，方便行軍打仗、運輸糧草。劉邦被封為漢王之後，為了向項羽表明自己沒有野心，特意在前往漢中途中燒毀了跨越山谷的棧道。後來在韓信建議下，劉邦又派遣手下大張旗鼓的修復棧道，讓人誤以為他要從這條路線進兵。事實上，劉邦卻出其不意的從另一條路線突襲，並在陳倉這個地方，大敗投靠項羽的名將章邯。

楚霸王，以霸主的身分，將全國分成十八個王國，分封給十八位諸侯、部將和降將。劉邦被封為「漢王」，封地在偏遠的巴蜀、漢中地區。

為了阻止劉邦進軍中原，項羽把關中地區一分為三，交給章邯等三位秦朝降將統治，但是這三人本來就不得民心，完全不能跟「約法三章」的劉邦抗衡。所以，劉邦統帥的漢軍「明修棧道，暗度陳倉」，很快就攻克了多個戰略要地，佔據了當時最為富饒並且易守難攻的關中地區。

於是，項羽終於要跟劉邦正面對抗了。最後誰會勝利呢？

歷史事件07

# 楚漢之爭！由誰勝出？

儘管劉邦不如項羽那般勇猛剽悍，但他有更高的戰略眼光。為了和項羽爭天下，他先是派遣韓信到齊國去扶植反抗勢力，項羽的主力立即就被叛亂牽制；同時仿效秦國後期的「遠交近攻」戰略，先消滅了臨近的幾個王，很快就成為反項羽勢力的最大一股力量。

## 鴻溝議和　楚河漢界

此時的項羽如夢初醒，率領主力軍隊在彭城與劉邦展開一場決戰。劉邦雖然以「為義帝懷王復仇」的名義召集五路諸侯，一共五十六萬人，卻被項羽以三萬精銳殺得大敗，連自己的家人都丟了幾個。要是普通人，大概就放棄了。不過劉邦非常堅忍，並不氣餒。他和謀士一起商定了接下來的戰略。同時，以韓信為首的諸侯聯軍，也趁機在其他地方進攻，再度取得優勢。迫使項羽不得不和劉邦在鴻溝（在現今河南滎陽）議和，這也是中國象棋棋盤上「楚河漢界」的由來。

▼垓下之戰，項羽被漢軍圍困。

不過，這個和約也只是劉邦的緩兵之計，不久，他就撕毀了和約，對項羽發動突襲。漢軍反覆襲擾、誘導楚軍，最後將項羽的主力部隊包圍在垓(ㄍㄞ)下這個地方，這就是著名的「十面埋伏」。

## 西楚霸王　四面楚歌

面對久攻不下的局面，劉邦在軍事進攻的同時，也用心理戰術瓦解楚軍士氣。他找來擅長唱楚地特色歌曲的士兵，徹夜高唱楚歌。這不僅使楚軍普通士卒軍心動搖，連一向自認天下無敵的項羽也大驚失色，懷疑自己的根據地已經完全被劉邦掃平，脫口而出：「難道漢軍已經把我們楚國全部佔領了嗎？為什麼漢軍陣營裡有這麼多楚人啊？」

迫於情勢，項羽不得不和自己的寵姬虞姬，以及伴隨他征戰多年的寶馬烏騅(ㄓㄨㄟ)訣別，帶著八百名騎兵突圍逃走。

眼看項羽大勢已去，劉邦的軍隊更是緊追不捨。經過激戰，項羽和最後僅存的二十八名部下逃到烏江。烏江亭長（秦朝制度，每十里一亭，設亭長，負責捉捕盜賊）勸項羽趕緊過江，只要活著就還有機會。但項羽卻覺得，八千江東子弟追隨自己過江，如今全死了，自己怎麼還有臉面對江東的父老！於是他衝入敵陣，奮力殺了漢軍百餘人後自刎而死。

楚漢之爭，從西元前二〇六年持續到西元前二〇二年，最終以楚霸王項羽敗亡告終。

當初項羽把劉邦封為漢王，只把偏遠的巴蜀、漢中分配給他，萬萬沒想到，最後竟是劉邦取得了天下。由劉邦開創的王朝便以漢為國號，稱為漢朝。

**大事記**

**世界**

西元前201年，第二次布匿戰爭結束，迦太基戰敗

**中國**

西元前202年，項羽死於垓下，
劉邦稱帝，建立漢王朝

# 西漢

文：郭怡菲，書魚
繪：蔣講太空人（時代背景）
Ricky（衣食住行，歷史事件）

時代背景

# 漢族的起源原來在這裡！

中國有數十個民族，人數最多的就是漢族。但「漢族」這個稱呼並非一開始就存在。在中國幾千年歷史裡，「漢族」與「漢人」的概念，是隨著朝代更迭才逐漸確立的。

先秦時期，漢族自稱「夏」或「華夏」，認為自己的祖先是炎帝和黃帝。到了秦朝，隨著政治一統，華夏族的國家疆域與民族意識也進一步加深。後來秦朝滅亡，漢王劉邦建立漢朝。從漢初的文景之治，到後來的漢武盛世，疆域更加遼闊，文化發展迅速，百姓生活安定，東西方文化交流，儒家被奉為唯一的正統思想，兩千多年來一直有很大的影響力。漢族及漢文化的基礎，看來都源於漢朝。

衣食住行

# 生活在漢朝

## 衣

漢朝服飾延續先秦和秦朝的「深衣」樣式，將上衣、下裳連為一體。為了顯示身分尊貴，大臣和貴族都穿同一種袖口窄緊的袍服。此外，他們還會在袍服裡面穿上一條絲質的套褲，這就是「紈絝」。

漢朝的「深衣」有多種樣式，最普遍的就是「曲裾深衣」（由深衣的前襟連接一塊布料，穿時繞到背後的部分，稱為「曲裾」）。無論男女，身穿「曲裾深衣」時，都會被長長的衣襟包裹全身。衣袖則有寬有窄。「襦裙」也是漢朝女子常穿的服裝。與「深衣」不同，「襦裙」分為上衣「襦」和下身「半裙」。

至於漢朝時候衣服上的花紋，風格沉穩大方，卷雲、山丘、鳥獸，都是常見的紋樣。

成語講堂

**紈絝子弟**

指那些整天吃喝玩樂、不務正業的貴族或富家子弟。

在古代，「紈」指的是細緻的絲綢，而「絝」也就是「褲」。

## 食

雖然漢朝離我們很遙遠，但是飲食文化卻與我們很接近，許多漢朝的食物，現在仍在我們的餐桌上！漢武帝時期，派張騫出使西域，帶回了許多域外食物。石榴、葡萄、黃瓜、香菜、芹菜等，都是那時候引進中國的。

除了食材品種大大增加外，也有新的飲食器具出現！西漢江都王劉非發明了「分隔鼎」，有點像今天的「鴛鴦鍋」，可以把不同味道的食物分隔開。

如果來到漢朝，下面哪些食物是從「國外」引進來的？

A. 葡萄　B. 大豆

C. 黃瓜　D. 辣椒

答案：A、C。大豆是本土糧食，辣椒雖然也是外來的，但直到明朝才傳入。

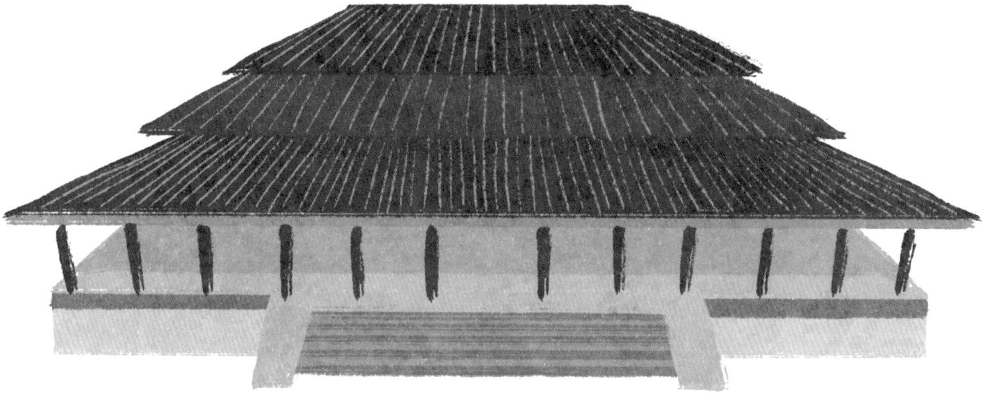

## 住

秦朝有阿房宮，漢朝則有未央宮，同樣是建立在巨大夯土臺上的宮殿建築群，最特別的是專給后妃居住的椒房殿。椒房殿顧名思義，就是用花椒一類的香料和泥塗抹牆壁，不僅具有溫暖芳香的特性，而且花椒多籽，更有祈求繁衍多子的用意。

宮牆外的街市上，可以看到木頭結構的多層樓閣，室內也普遍放置睡覺用的床榻。但是，漢朝還沒有如今常見的桌、椅等傢俱。

## 行

靈渠和鄭國渠等著名的水利工程，為秦朝帶來了沃野千里，同時也為漢朝的水路交通網奠定了基礎。西漢時，漢武帝希望不但關中地區能夠穩定產糧，同時也能照顧到全國的糧食運輸，因此下令連通黃河與渭水，在秦朝溝槽的基礎上大興水利，打造了西漢便利的漕運系統。

西漢時，內河已與海運相連接，百姓出行、貨物運輸，可以通過水路解決。而且在這個時期，漢朝的船隊已經去過如今名為新加坡、馬來西亞的東南亞了！

**用**

很長一段時間，西漢百姓沿用秦朝通行的半兩錢。漢武帝即位後，西漢國力已經十分強大，是改革貨幣制度的時機了。經過漢武帝多次改革，官方貨幣定為與半兩錢外形相近的五銖錢。為了防止私鑄錢幣，漢武帝收回了民間的鑄幣權，全國統一鑄幣。

歷史事件01

# 漢朝，是劉氏江山

▲漢高祖劉邦。

大事記

世界

西元前200年，第二次馬其頓戰爭爆發

中國

西元前200年，西漢定都長安

西元前196年，漢高祖劉邦殺韓信、彭越

楚漢相爭時，劉邦為了擊敗項羽，先後分封了七名異姓諸侯王，來壯大自己的實力。戰爭結束後，劉邦從「漢王」變成「皇帝」，建立漢朝。但這時，整個國家的局面都不穩定，為了平衡諸侯王和中央的關係，劉邦決定將先秦的分封制與秦朝的郡縣制結合起來，這就是漢朝獨特的郡國並行制。

漢朝初期，擁有兵力的異姓諸侯王，始終是劉邦的心頭大患，楚王韓信便是其中之一。韓信本就軍功赫赫，漢朝建立後，劉邦更不敢放下對他的戒心。後來，劉邦發現韓信與項羽的舊部鍾離眛來往密切，加上有傳言說韓信擅自調軍、準備謀反，劉邦便藉機在西元前二〇一年將韓信降為淮陰侯。

### 原來是這樣啊

**布衣將相**

布衣是指穿麻布衣服的人，代表平民出身。漢朝開國功臣大都出身平民，他們進入朝堂後，便形成了漢初的布衣將相局面。平民出身背景，深深影響他們的政治決策。

## 白馬之盟 確保劉氏江山

又過了五年，西元前一九六年，有人密告說韓信要襲擊皇后呂后和太子，呂后就設計把韓信騙入宮裡，在長樂宮處決了這位開國功臣，其他異姓諸侯王也一個個被剷除。最後，諸侯王全是劉邦封的自家親屬。為了保住「劉氏江山」，劉邦還召集各諸侯王相聚一起，殺馬取血，定下了「非劉氏而王，天下共擊之」的白馬之盟。

劉邦聽取身邊謀臣的意見，對天下採取「無為而治」的黃老政治。「黃老政治」到底是什麼呢？「黃老」是黃帝學派（以道家為本，融合神仙家和陰陽家的

▶ 楚漢相爭時，劉邦封了七位異姓諸侯王，登基後又剷除他們，改封劉姓諸侯王。

## 成語講堂

### 成也蕭何，敗也蕭何

比喻一件事的好壞、成敗，都是同一個人造成的。

典故出自《史記．淮陰侯傳》。蕭何與韓信、張良並稱漢初三傑。劉邦與項羽打仗時，蕭何強力推薦韓信給劉邦，讓韓信成為一代名將。後來與呂后一起設計除掉韓信的也是蕭何。韓信被處死前，曾發出「狡兔死，走狗烹；飛鳥盡，良弓藏；敵國破，謀臣亡」的慨歎。鳥盡弓藏，是說打完鳥之後就把弓箭藏起來，比喻事情成功後，就把出過力的人棄在一旁。「鳥盡弓藏」常與「兔死狗烹」連用。

思想，假借黃帝的名義寫書），和老子學派（道家的老子學說）的合稱，形成於戰國時期。由於秦朝濫耗民力，大興土木，動不動就對百姓施以酷刑，引起反抗，導致迅速滅亡，因此劉邦奉行黃老的道家思想，讓老百姓得以休息。事實上，「無為而治」帶有明確的目的，並不是什麼都不做。漢初「與民休息」的黃老政治，是為了能讓百姓安心生活，百姓不僅不用繳納高額的賦稅，還有充足的時間去耕種。在這樣的氛圍下，整個國家逐漸從戰亂中恢復了安定。

趣味典故

## 孺子可教

張良是漢朝開國元勳之一，也是出色的謀略家。漢朝建立後，張良被封為留侯。司馬遷在《史記‧留侯世家》中記錄了一個關於張良的小故事。

有一天，張良在橋上散步，一位老人走來，突然將腳上鞋子扔到橋下，並且叫張良去撿。張良沒說什麼，將鞋撿了回來，還親自給老人穿上。這位老人就是隱士黃石公，他誇獎張良：「孺子可教矣。」送了一本《太公兵法》讓張良研讀，後來張良成了劉邦的重要謀臣。「運籌帷幄，決勝千里」，是劉邦讚美張良的話，後來被用來形容傑出的軍師或謀略家。

▲張良幫老人撿鞋。

歷史事件02

# 中國歷史上太后專政第一人！

跟隨漢高祖劉邦一起征戰四方的，除了各諸侯王，還有一位不能不提的重要人物，就是劉邦的妻子呂雉（ㄓˋ）。

呂雉在劉邦稱帝以後，成為皇后。西元前一九五年，劉邦病重，性格剛毅的呂雉為了維護漢朝的穩定，便到劉邦榻前詢問以後朝廷的職位安排。有意思的是，劉邦在接連說了幾個朝臣後就不說了。呂雉接著問，劉邦便對她說：「這再往後的事情，你應該也看不到啦。」

劉邦說完這番話後不久便去世了，繼承皇位的是太子劉盈，也就是漢惠帝。漢惠帝劉盈是中國歷史上第一位由皇帝所立的「皇太子」。

做為劉邦與呂雉的兒子，劉盈的性格完全不像他的父母。面對曾經想與自己爭奪太子之位的趙王劉如意，劉盈一點也不記恨。因此，在呂雉眼裡，這個皇帝兒子不僅性格不夠果決，也欠缺危機意識。不久，呂雉便找機會毒殺了劉如意，並殘忍的將他的母妃戚夫人折磨得不成人形。

劉盈看到自己母后的所作所為，受到驚嚇，從此一蹶不振，再也不管朝政。

西元前一八八年，漢惠帝劉盈還沒能走出呂后的陰影，便重病去世。隨後，呂雉相繼立了兩位少帝。「少帝」這個稱呼，常被後人用來形容那些被廢掉的年幼皇帝。總之，劉邦去世之後，呂雉就臨朝坐在「傀儡皇帝」身邊管理國事，成為中國歷史上第一位掌權的太后。

在呂雉掌權期間，除了延續「黃老政治」，也下令廢除秦始皇

西元前188年，呂太后臨朝，掌握實權

西元前180年，呂太后去世，漢文帝劉恒即位

▲呂雉代替年幼的皇帝，與大臣討論國家大事。

**大事記**

**世界**
西元前192年，
塞琉古帝國與羅馬共和國爆發敘利亞戰爭

**中國**
西元前195年，劉邦去世，劉盈即位

▲元宵節的歷史非常悠久。

頒布的挾書令（禁止民間藏書的法令）。過去的典籍被一點一滴恢復，百姓再也不用為私藏書籍而提心吊膽。受到秦始皇壓抑的思想與文化，在這一時期終於得到解放。西漢著名史學家司馬遷在《史記・呂太后本紀》中，用「天下晏然」來形容呂雉執政期間的漢朝社會。在他筆下，太平安定的漢朝江山，呂雉算是有功勞的。

然而，權力鬥爭並不會

因為天下太平就停止。呂雉以「太后」名義執政期間，不僅剝奪了許多元老重臣的權力，還大加任用自己的呂氏族人，提升呂氏一族的影響力，引起劉氏一族強烈不滿。西元前一八〇年，六十一歲的呂雉病重逝世，劉氏宗族與呂氏一族展開權力爭奪，最後，呂氏全族被誅滅，劉氏宗族迎立劉邦第四子劉恒為帝，就是漢文帝。

## 原來是這樣啊

### 元宵節

元宵節是中國的傳統節日，也稱上元節。我們在元宵節這天吃元宵、放天燈、猜燈謎。但你知道元宵節的前身是什麼嗎？

古代中國是典型的農業社會。每當孟春之月（農曆正月）來臨，便要開始一年的耕作，這時，古人會舉行祭祀活動，祈求神明保佑。元宵節的前身，便是祈求豐收的農業祭祀活動。直到道教興起，上古農業祭祀活動慢慢演變為「上元節」。後來，人們為這個節日附加了各種各樣的習俗，逐漸演變為今天的元宵節。

歷史事件03

# 他們創造了漢朝第一個治世！

簡單的說，治世就是亂世的反義詞。在治世之下，沒有嚴苛的賦稅與刑罰，百姓每天都過著安定太平的生活，這就是漢文帝劉恒即位後漢朝社會的情形了。

西元前一五七年，漢文帝劉恒在長安未央宮去世，但漢朝和平昌盛的局面並沒有因此結束。繼承劉恒治國的，是他的大兒子漢景帝劉啟。劉啟還是太子的時後，因為年輕氣盛，用棋盤砸死了當時吳國的世子劉賢。吳

西元前157年，漢文帝去世，漢景帝劉啟即位

西元前154年，吳楚七國之亂爆發

▲漢文帝、漢景帝與竇太后。

**大事記**

**世界**

西元前167年，羅馬共和國佔領伊庇魯斯，俘虜居民十五萬人

**中國**

西元前174年，匈奴冒頓單于去世，老上單于即位

西元前167年，西漢廢止肉刑，免除田租

王劉濞因喪子之痛，對劉啟心存芥蒂，常常稱病不入朝，也為「七國之亂」埋下了伏筆。

劉啟即位後不久，大臣晁錯勸他趕緊收回封給劉氏宗族的封地。劉啟為了加強中央集權，採納了晁錯的建議，這讓早已壯大的劉氏宗族十分不滿。最終，吳王劉濞聯合其他主要六位劉姓諸侯王，打著「清君側」的旗號，在西元前一五四年發動叛變，史稱「七國之亂」。不過，這場由吳、楚兩國為主力軍的叛變，不到三個月就被朝廷平息了。這七國，有的被消滅，有的被改封，同姓諸侯王的勢力被大大削弱，無力再與中央抗衡了。

漢文帝劉恒與漢景帝劉啟開創的治世，延續了三十九年，後世將這段時間稱為「文景之治」。文景之治的關鍵，除了兩位皇帝，還有一位女性，那就是劉恒的皇后、劉啟的生母——竇氏。竇氏尊崇道家，成為皇太后之後，她要求劉啟學習黃老學說，還阻止朝廷重用儒家學者，這使漢朝初期的社會一直處於「無為而治」的道家氛圍中。

西元前一四一年，四十七歲的漢景帝劉啟逝世，皇太子劉徹即位，也就是漢武帝。劉徹登基，為漢朝的巔峰拉開序幕。

## 原來是這樣啊

### 漢朝「文治」的開端

什麼是文治？不以武力，而以文教禮樂治理國家和百姓，就是文治。

在漢朝提出文治思想的，是一位出生在洛陽的讀書人，名叫賈誼。賈誼從小飽讀詩書，在漢文帝時期入朝，成為最年輕的博士。那時候，博士是專門授予精通某一學問的學者的官名。年輕的賈誼向文帝劉恒提出許多儒家思想、以禮治國的政見，還結合儒學，設計了一套有別於前朝的禮儀制度。儘管賈誼最後未受重用，但他的許多政見都受到文帝劉恒的重視，對漢朝產生影響！

歷史事件04

# 來了！長達半世紀的漢武盛世！

## 儒家思想翻身

從西元前一四一年登基，到西元前八十七年逝世，漢武帝劉徹在位時間長達五十四年。在這半個多世紀裡，他採取一系列政策，使漢朝的權力高度集中在中央朝廷手中。其中非常關鍵的一步，就是改變漢朝的統治思想。

劉徹選擇以儒家思想治國。他小時候，黃老學說

盛行，但他有多位老師都是儒生，這使他一直深受儒家思想影響。因此，劉徹登基後不久，便採納了儒生董仲舒的建議，開始「罷黜百家」，意思就是不再重用其他學說，只採用儒家的思想。從此，儒學逐漸替代了黃老學說。

劉徹在一批重臣輔佐下，進一步向社會推崇儒學。而執行任務的，就是新設置的五經博士與太學。五經包括《詩經》、《尚書》、《春秋》、《易經》、《禮記》，五經博士的工作內容，就是負責傳授儒學。

▲劉徹與董仲舒探討儒家思想。

而太學是官方的學校，負責培養更多儒家學者，也就是更多的五經博士。

## 為什麼選擇儒家？

在「諸子百家」眾多學說中，漢武帝為什麼偏偏中意儒家呢？

這是因為董仲舒向漢武帝提出了一個「三綱五常」的說法。「三綱」是指君臣、父子、夫妻關係所應遵守的道理。本來三綱在先秦時期就已經存在，但董仲舒巧妙的將三綱與天人關係並列，這樣一來，所有人都被框

### 原來是這樣啊

**年號**

漢武帝劉徹是中國歷史上第一個使用「年號」的皇帝。在這之前，中國皇帝都只用年數來紀年，從劉徹開始才用不同的年號來紀年。歷史上第一個年號「建元」，始於劉徹登上皇位的第二年（西元前一四〇年），為期六年。

西元前140年，西漢建元元年，「建元」成為中國歷史上第一個年號

西元前134年，漢武帝罷黜百家，獨尊儒術

西元前133年，帕加馬王國並入羅馬共和國

在了這「三綱」裡，不能隨便違背。「五常」是五條做人的基本原則：仁、義、禮、智、信，也就是仁愛、正義、禮節、智慧、誠信。

在董仲舒的解釋下，三綱五常是每個人都必須遵守的做人做事的道理和規範。用這套倫理標準來約束人民的思想，讓人民都認為理應服從、效忠君父，有利於統治者集中權力控制國家。

黃老學說曾為百姓帶來好日子，儒家學說也幫助漢朝迎來空前盛世。但如果當時採用的是其他學說，不知歷史又會是怎樣的走向？

## 瑰麗的文學風景 漢賦與樂府詩

漢朝的政治、經濟、文化都蓬勃發展，並且對後世影響深遠。

大事記

世界：西元前146年，第三次布匿戰爭結束，迦太基滅亡

中國：西元前141年，漢景帝去世，漢武帝劉徹即位

例如我們今天還會讀到漢賦。「賦」是漢朝最流行的文學體裁，興起於文景之治下的太平社會，繼承了先秦時期《楚辭》的文學形式，既像詩歌，也像散文。

漢賦分為大賦與小賦；大賦大都辭藻華麗，以長篇幅描寫漢朝宮廷生活；小賦則是用較短的篇幅，抒發個人情感。

漢武帝登基後，漢賦已經脫離了《楚辭》的風格，逐漸建立起純散文的形式，寫有《子虛賦》的司馬相如，以及寫有《洞簫賦》的王褒，都是當時著名的大辭賦家。漢朝之後的古代文學，賦依然盛行。魏晉南北朝時期的駢(ㄆㄧㄢˊ)賦、唐宋時期的律賦，都可以看做是漢賦的繼承與演變。

除此之外，還有一種漢朝文學體裁不得不提，那就是深受《詩經》影響的樂府詩。秦漢時期，樂府是專門管理音樂的官署。劉徹更是擴大了樂府署的規模，讓官員大量採集民間詩歌，由樂府署整理。這些口語化的詩歌，內容大多取材自普通民眾的生活，有的控訴邊疆戰爭，有的描寫愛情生活，內容十分豐富，和今天的民謠很像。

▲不論是思想、文化、經濟、政治，漢武帝劉徹都牢牢掌握在手中。

樂府詩的詩句並沒有固定形式，有長有短，其中數量最多的是五言句式。在古代，樂府詩都是用來合樂的詩，但現在樂府詩的曲譜已經失傳，人們只能從流傳下來的歌詞，去想像漢朝的樂府盛世了。

## 帝國的錢從哪來

漢武盛世並不只體現在蓬勃的思想、文化上，也包括強大的經濟與政治實力。

秦朝和西漢初期使用半兩錢，而且允許民間自行鑄造錢幣。漢武帝為了建造一個井井有條的大帝國，多次進行幣制改革，最終決定在全國通行輕重最合適的五銖錢，並且禁止私人鑄幣。

此外，劉徹將一向由私人經營的鹽、鐵都收歸國有。雖然許多官員和百姓都抱怨這項政策剝奪了百姓的利益，但劉徹依舊堅持這麼做。現在回過頭看，鹽、鐵官營，確實為朝廷創造了龐大收入，並抑制了商人的勢力。

## 全新的官僚體系

有很長一段時間，丞相都是秦漢中央朝廷的權力中心。除了皇帝，唯一掌握實權的官員就是丞相。如果丞相生病無法上朝，皇帝需要去丞相府看望。由此可見，丞相幾乎快和皇帝平起平坐了。所以，劉徹登基後不久，便開始著手建立一套新的官僚系統，來削弱丞相的權力，這就是「中外朝制度」。

簡單說，「中外朝」就是「中朝」與「外朝」的合稱。「中朝」由大將軍、尚書等官員組成，是提供決策的機關；「外朝」負責執行皇帝與中朝的決策，主要的官員是曾經位高權重的丞相。與「外朝」相比，「中朝」的官員通常都是皇帝的心腹。這就可以看出，這個時期，漢朝的思想、經濟、政治，都高度集中在中央，也就是漢武帝劉徹一人手中。這樣一來，掌權的人是否公正英明，將影響到千千萬萬人的生活。

## 原來是這樣啊

### 《周髀算經》

《周髀算經》簡稱《周髀》，是中國古代一本研究天文數學的專業書籍，大約寫於西漢，是中國流傳至今最早的一本數學著作。《周髀算經》除了記載日月星辰的運行規律，還包括漢代的主要數學成就：「勾三股四弦五」（用3：4：5的比例來構成直角三角形），顯示漢朝已擁有直角製圖工具與測量術。

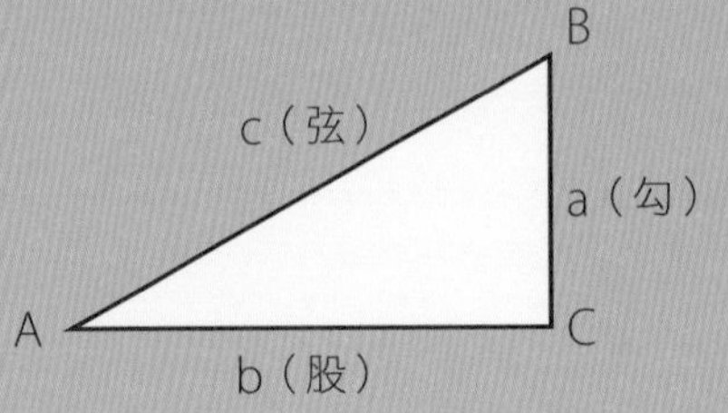

歷史事件05

# 勝？負？漢朝與周邊民族的回合戰！

## 與南越的分分合合

漢王朝是一個中原國家，東邊有衛氏朝鮮，西邊有西域各國，北邊有匈奴部落，南邊還有西南各族和嶺南的越人。秦朝發生過百越之戰，秦末動亂時，漢人趙佗(ㄊㄨㄛˊ)便在廣州建立起了南越國。

南越和西漢的關係一直是分分合合。漢高祖劉邦本來把趙佗封為南越王，使南越成為西漢的外臣，南越承認西漢是自己的老大哥；不過南越的領土並不屬於西漢，並且南越人仍然可以自己管理

**大事記**

**世界**

**中國**

西元前121年，將軍霍去病打敗匈奴，匈奴渾邪王降漢

西元前119年，張騫第二次出使西域

國家。如果成了內臣，漢朝皇帝就可以直接管理南越了。後來南越王不想當外臣，又自己獨立出來，還把疆土拓展到了越南，所以越南也把這段時期納為他們國家的歷史。

漢武帝時，為了讓南越徹底成為西漢的領土，向南越出兵，終於在西元前一一一年，在南越國舊地（現今廣州一帶）設立了九個郡。

## 漢武帝征服匈奴

和過去一樣，北方的匈奴依然困擾著西漢朝廷。匈奴有著極強的掠奪野心，常常侵擾邊境百姓。

西漢剛建立時，沒有能力對匈奴發動戰爭，於是採取「和親」策略，嫁公主、送財物給匈奴，雙方約定在長城兩邊各自生活，互不侵犯。雖然簽訂和約，但是自漢高祖到漢武帝期間，匈奴還是連番進犯

西元前109年，
西漢進攻西南夷，滇國臣服

西元前108年，
西漢滅衛氏朝鮮，設置四個郡

西元前100年，
蘇武出使匈奴，被扣留

▲漢朝軍隊屢屢開疆闢土。

大事記

世界

西元前111年，
羅馬共和國與努米底亞王國爆發朱古達戰爭

中國

西元前118年，
西漢停止使用半兩錢，發行五銖錢

邊境，雙方關係非常不穩定。

到了漢武帝時期，漢朝已從秦末的戰亂中恢復過來，國力甚至達到顛峰，政治、經濟、軍事、文化各項實力都很強盛。漢武帝劉徹決定不再一味妥協，開始反擊匈奴！漢武帝在位的幾十年，先後有衛青、霍去病等名將奔赴戰場，在他們前後征戰下，匈奴的實力大大削弱，再也不能與西漢對抗了。邊疆百姓這才過上了安定的生活。平定匈奴，也使得「絲綢之路」得以開通。

## 衛氏朝鮮的起落

除了西域以外，漢朝的目光還瞄向了東北的小國朝鮮。在西漢早期，一個叫盧綰（ㄨㄢˇ）的人發動叛亂，他的部將衛滿逃到了朝鮮，自立為王，把都城建在一個叫王險城（今日的平壤）的地方，這就是「衛氏朝鮮」。

漢武帝時，衛右渠成為朝鮮國王，他的立場是傾向於匈奴的。為了避免與匈奴決戰時被朝鮮偷襲，西元前一〇九年，漢武帝先下手為強，派遣東征軍進攻朝鮮。漢軍從齊地（現今山東半島）橫渡渤海，直搗王險城。這次戰役是中國武裝艦隊首度遠航。

## 成語講堂

### 夜郎自大

比喻驕傲無知，妄自尊大。

漢武帝為尋找通往身ㄐㄩㄢ毒ㄉㄨˊ（印度的古譯名）的通道，也為了能控制西漢西南部，多次派使者出使這個地區，漢朝大文豪司馬相如也擔任過使者。有一次，使者團來到當地小國夜郎（現今貴州一帶）時，夜郎國君問漢朝使者：「我們夜郎國和漢王朝比，哪個更大？」這位沒見識的國君也就成了當時的笑柄。

### 強弩之末

比喻強大的力量變得衰弱。弩是古代用來射箭的兵器，強弩射出的箭，到了射程末端，力量會變小。

有一次，匈奴到長安城請求漢武帝劉徹和親，劉徹身邊一位大臣說：「每次漢匈和親，沒過幾年就會背棄盟約，不如這次就直接派兵攻打匈奴。」另一名大臣韓安國連忙勸阻：「就算是再強大的弩發出的箭，到了射程末端，力量也會衰弱。匈奴與我們相隔遙遠，此時發兵實在不利。」最後，劉徹採納了韓安國的意見，同意先與匈奴和親，但同時也為日後蓄積兵力。

大軍開拔後的第二年夏天，漢軍佔領了王險城，衛氏朝鮮滅亡。西漢在這片土地上設置四個郡。那時東至日本海、南抵今天的首爾以北，都是西漢的領土。

## 不屈不撓的蘇武

戰爭會消耗龐大的國家資源。先前雖然漢王朝打贏了匈奴，但也死傷慘重，可以說是慘勝。西元前一〇〇年，匈奴的新單于(ㄔㄢˊ ㄩˊ)有意要放回以前扣押的漢朝使者，希望雙方能友好相處。漢武帝也派出一個名叫蘇武的官員，讓他帶領著百餘人的使團和大批財物前去匈奴部落，促成和平。

但漢朝使團抵達之後，卻被捲入匈奴的叛亂而受牽連。匈奴單于扣押了蘇武，勸他投降，蘇武卻寧願死也不願意投降。單于見蘇武不肯屈服，也不再多説，把蘇武放逐到北海（現今俄羅斯貝加爾湖一帶），命他放牧一群公羊，並告訴他，只有等到公羊生小羊的時候，才會放他回家。

北海的日子可不好過！有骨氣的蘇武，被扣留在這苦寒地方整整十九年。出使匈奴時，蘇武帶著代表漢朝使者身分的漢節（繫有

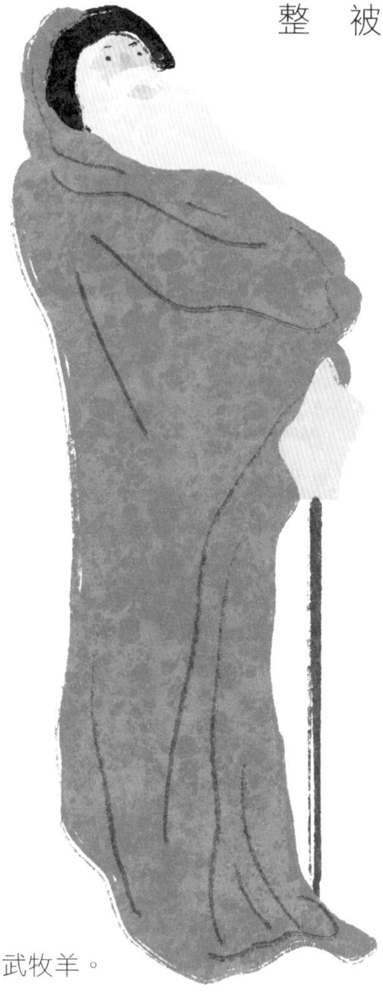

▲蘇武牧羊。

牛尾做裝飾的長杖），雖然漢節上面的旄(ㄇㄠˊ)牛尾裝飾早已掉光，但他依然像十九年前那樣，拿著節杖不願妥協。

一直等到漢昭帝即位，此時匈奴實力已經大不如前，再也無力挑戰漢朝，蘇武終於被釋放。西元前八十一年，蘇武回到長安，受到長安官員、百姓歡迎與讚美。此時的他已經不再是當年那個意氣風發的漢使，而是兩鬢斑白的老人了。

## 原來是這樣啊

### 羈縻政策

除了打仗之外，與其他民族相處，還有別的方式嗎？其實是有的，羈(ㄐㄧ)縻(ㄇㄧˊ)政策就是其中一種和平的方式。

就像開車需要方向盤一樣，騎馬需要給馬套上韁繩。羈的本義，就是控制牛或者馬的韁繩；縻是籠絡。常見的羈縻政策，包括「冊封」、「和親」等等。如果匈奴願意與漢朝講和，向漢朝稱臣，那麼雙方就從敵人變成了君臣，漢朝的皇帝可以任命匈奴的領導人，這就是「冊封」。除此之外，漢朝也會派出有身分的女子嫁給匈奴首領，這就是「和親」。

歷史事件06

# 來，一起到絲綢之路看看！

絲綢之路開通，與西漢對匈奴作戰有關。

西元前一一九年，西漢想要聯合西域各國一起對付匈奴，這就急需一位熟悉西域又忠誠可靠的使者，去與各國商量結盟。而張騫因為出使西域，曾被匈奴扣押兩次，在西域待過多年，是最合適的人選。

可惜，張騫到達烏孫的時候，這個國家正在內亂，自顧不暇，根本無心再去對抗匈奴。於是張騫又派遣他的副使去了中亞的大宛ㄩㄢ、康

▲張騫出使西域。

居、大月氏、大夏等國。最終他們在西域站穩了腳跟，為後來的東西交流，成功鋪路。

西域這片區域，後來成為連接漢朝與中亞、歐洲的通路。十九世紀七〇年代，德國地理學家李希霍芬給它取名叫「絲綢之路」，因為它最初是用來運輸中國特產——絲綢的。絲綢之路可不是某一條公路，它是一個路網，每年都有大大小小的商隊踏上絲綢之路，他們帶著東西方的物產，到遙遠的國家去做生意、交流文化。這條陸上絲綢之路，起點從長安開始，經過河西走廊和安息（現今伊朗高原和兩河流域），再到西亞和歐洲的大秦（古羅馬）。

絲綢之路為中國帶來了西域的核桃、葡萄、

石榴、蠶豆等植物，還有龜茲（ㄑㄧㄡ ㄘˊ）的樂曲和胡琴等樂器。而中國的絲綢、漆器以及冶鐵、水利技術，也通過絲綢之路傳到了中亞地區，至今在阿富汗等地還能挖掘到當年的漆器。

絲綢之路，成功使漢朝與西域諸國「化干戈為玉帛」（典故出自西漢淮南王劉安編著的《淮南子》。曾經互相敵對的民族，將兵器換成了象徵和平的玉和絲織品，表示以和平交流取代軍事戰爭）。

歷史事件07

# 差點翻車的漢武帝王朝

## 被冤枉的太子

漢武帝劉徹晚年身體不好，當時的人迷信，認為他受到巫術詛咒。傳說中，巫蠱是害人的東西，後宮的美人為了爭寵，把希望寄託於這些邪術。病中的劉徹對此忍無可忍，便讓親信江充去調查到底是哪些人在使用巫蠱之術。

西元前九十一年，江充因為和太子劉據不和，所以藉機誣陷太子。太子被陷害，無法伸冤，害怕又著急之下，起兵殺了江充。漢武帝非常生氣，認為這是太子心虛，於是出兵鎮壓叛亂。在大亂中，

西元前81年，漢昭帝召開鹽鐵會議

西元前74年，漢宣帝劉詢即位

西元前73年，羅馬共和國爆發斯巴達克斯奴隸大起義

西元前66年，漢宣帝平定霍家謀反

皇后衛子夫、太子劉據都相繼自殺。由於皇帝一人的疑心，牽連了數萬人，就連當時的丞相公孫賀父子也因此喪命，史稱「巫蠱之禍」。人心惶惶下，大家都對漢武帝產生質疑。

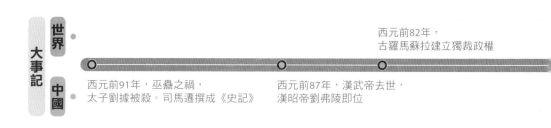

## 史上第一份皇帝寫的悔過書

「巫蠱之禍」使得

▲漢武帝發布〈輪臺罪己詔〉。

**大事記**

**世界**
西元前82年，古羅馬蘇拉建立獨裁政權

**中國**
西元前91年，巫蠱之禍，太子劉據被殺。司馬遷撰成《史記》
西元前87年，漢武帝去世，漢昭帝劉弗陵即位劉徹痛失了自己培養多年、已經很有威望的太子，也失了民心。這時，戰敗的將軍李廣利投降匈奴，對漢武帝更是一記重擊！多年征戰的惡果這時也顯現出來，百萬的底層百姓淪為流民，來到函谷關下，請求入關討生活。

連年東征西戰，讓許多士兵與百姓付出生命代價，漢武帝也不得不自我反省。西元前八十九年，為了平息民怨，劉徹下了一道〈輪臺罪己詔〉，向國人道歉。皇帝向百姓寫自我檢討的悔過書，這還是史上頭一遭。除了反省過失，這份罪己詔還宣告了國策的改變。西漢再次遵循文景時代的「黃老」治國思想，讓百姓休養生息，以緩和社會矛盾。就這樣，西漢度過了一次重大危機，免於像秦朝那般快速滅亡，更為後來的盛世打下基礎。

## 史家絕唱 司馬遷寫《史記》

儘管劉徹手握大權，但還是有很多人跟他唱反調，著名史學家

西元前57年，新羅建立

司馬遷就是其中之一。

漢武帝創造了一個超級盛世，所以非常需要一部宏大的史書來記載種種壯舉。出生在史官家族的司馬遷，早已意識到這是自己的職責，所以在西元前一〇四年開始寫《史記》。但沒過幾年，他的好朋友李陵戰敗，被匈奴俘虜。因為幫李陵辯護，司馬遷惹怒了漢武帝，被處以宮刑。

雖然備受屈辱，但撰寫史書的使命讓司馬遷很快振作了起來。出獄後，他潛心撰寫，前後經歷十三年，終於完成中國第一部紀傳體通史《史記》。

《史記》被列為「二十四史」之首，記載了從黃帝時代到漢武帝太初四年（西元前一〇四年）共三千多年的歷史。或許是出於一名公正史官的高度，又或許是過去的經歷讓他能更冷靜的看待當時的情況，司馬遷的《史記》有一定的客觀性。書中有不少諷刺漢武帝

**大事記**

**世界**
西元前60年，凱撒、克拉蘇、龐培在羅馬共和國組成「前三頭同盟」
西元前58年，凱撒發動的高盧戰爭爆發

**中國**
西元前59年，西漢王褒作《僮約》（奴僕買賣契約）

的內容，所以司馬遷在世時都沒敢公開發表。直到漢宣帝繼位，司馬遷的外孫楊惲才將它公開，《史記》這才得以廣泛流傳。《史記》是一部偉大的作品，被譽為「史家絕唱」，對後世的文學與史學影響深遠。

## 國家政策大辯論！

漢武帝去世後，年僅七歲的漢昭帝劉弗陵繼位。因為皇帝還小，朝政掌握在霍去病的弟弟霍光，以及桑弘羊、金日磾、上官桀等顧命大臣手中。

霍光召開了一場著名的「鹽鐵會議」，名義上是討論鹽、鐵的經營，實際卻是讓大臣對漢武帝時期各項政策進行檢討和修正。

霍光與桑弘羊分別代表了兩種不同的意見。霍光代表來自郡國基層的儒生，支持漢武帝〈輪臺罪己詔〉中的觀點，他們看到了過去政策帶來的不幸，希望能夠進行改革。桑弘羊則更支持漢武帝的舊政。這是一次為了治理亂世而召開的大會，大家為國家的政策方向盡情的辯論。

雙方都有自己的道理，最後是由霍光這一方得到多數支持。大會結束後，朝廷取消了酒類專賣和部分地區的鐵器專賣，允許民間私人經營，不過，鹽政專賣制度則繼續維持。

很快的，因為治國理念不一致，這些大臣開始政治鬥爭。桑弘羊的政變計畫提前敗露，結果大敗。從此霍光更受皇帝信任，全面掌握大權。漢昭帝去世後，霍光等大臣先是擁立昌邑王劉賀（海昏侯）為帝，之後又擁護漢武帝的曾孫劉詢為帝，就是後來的漢宣帝。

## 漢宣帝帶來的好時代

漢宣帝劉詢，原名劉病已，是劉據的後人。漢武帝時候的巫蠱之禍，當時太子劉據的孫子劉詢還是小嬰兒，被帶出宮去而幸運逃過一劫。劉詢從小生活

在宮外，在民間長大，對百姓疾苦有一定了解。登基後，他大刀闊斧改革，希望能讓百姓過上更好的生活。

他首先改進官員的選拔考核制度，嚴懲腐敗，獎勵自律的官員。接著打敗匈奴，攻破西羌，穩定了西漢對西域的控制，並設立了西域都護府，將西域正

▲漢宣帝的時候，社會安定，百姓生活富庶。

式納入大漢版圖。此外，劉詢再次下詔降低鹽價，大大減輕了百姓負擔；又設立常平倉（糧價過低時，政府就用較好的價格向農民收購，儲備起來；糧價上漲時，政府就減價出售），維持糧價平穩，百姓的日子總算又好起來，這個治世便被稱為「孝宣之治」。

## 原來是這樣啊

### 麒麟閣的至高榮耀

漢宣帝劉詢非常懂得任用賢才，也懂得感謝功臣。破除匈奴威脅後，劉詢命人為十一名功臣繪像，把他們的畫像放在麒麟閣，做為表彰，其中包括霍光。

霍光忠於漢室，但是他的家人會利用他的權勢做壞事。他的妻子就買通御醫毒死了許皇后，企圖立自己女兒為后。霍家最後被滿門抄斬，再也不能左右政事。但因為霍光本人確實很有功勞，所以劉詢還是把霍光排在麒麟閣十一名功臣的首位。

### 「西域都護」是什麼？

漢宣帝在西域設立了西域都護府，而西域都護就是最高長官。為什麼需要一位西域都護呢？原來，西域並不是一個國家。在黃沙漫天的西域，有很多綠洲城市散布，是一個遍地小國的區域。據說當時西域有三十六個國家（後來更分裂為五十國），為了掌握它們，同時也防止它們聯合起來對付西漢，就需要派官員去管理這些小國家，並定期向皇帝彙報西域情況。

歷史事件08

# 從這些作品，看到西漢生活樣貌！

## 最早的飲茶紀錄

〈僮約〉是西漢著名文學家王褒最有特色的作品，看起來是一篇文謅謅的勞動契約，不厭其煩的列舉了對奴僕的各種苛刻約束，規定他們從早到晚都得工作，簡直就是做牛做馬。不過這份契約其實並不是真的，而是王褒寫來戲謔和調侃朋友家的僕人的。

〈僮約〉雖然是寫著玩兒的，但在歷史學家眼中極具史料

**大事記**

**世界**：西元前44年，凱撒成為羅馬共和國終身獨裁官

**中國**：西元前49年，漢宣帝去世，漢元帝劉奭ㄕˋ即位

價值。因為其中呈現了很多當時人們日常生活的樣貌，例如：「烹茶盡具」、「武陽買茶」，歷史學家發現，這是全世界最早的關於飲茶、買茶和種茶的記載。早在西漢時，人們就懂得怎麼喝茶了。此外，它還記錄了作者在四川時的親身經歷，描寫當時四川真實的底層生活情況，也可以看做是西漢底層社會的縮影與紀錄。

## 超級奇書《山海經》

《山海經》是一部想像力超凡的奇書！一般認為它不是在同一個時代完成的，作者很可能不止一人，創作時間甚至可能橫跨戰國初年到西漢初年。目前，《山海經》最早的版本是由西漢劉向、劉歆（ㄒㄧㄣ）父子整理、校注的。

西元前18年，百濟建立，朝鮮半島三國時代開始

西元前7年，漢哀帝劉欣即位

西元前2年，大月氏國王使者傳來《浮屠經》

《山海經》的內容主要是記述古代地理、物產、巫術、宗教、醫藥、民俗、民族等方面。雖然多數內容被認為是想像出來的，但仍具珍貴參考價值。我們熟知的夸父追日、精衛填海、羿射九日、鯀禹治水、共工怒觸不周山……，這些神話都出自這本書，對我們研究上古宗教、文化、歷史，是重要的參考。書中還記錄了許多神奇的動植物，增進我們對上古時代自然風貌的想像。

屈原的《天問》、《招魂》、《九歌》、《離騷》，也化用了許多《山海經》裡的神話故事。不過，在司馬遷看來，書中內容太過荒誕，難以考證，並不可信。

## 記錄歷史的畫像磚

繪有人物畫像的彩磚藝術始於戰國，盛行於漢朝。這種畫像

大事記

世界

西元前37年，高句麗建立

西元前27年，屋大維成為「奧古斯都」，羅馬帝國建立

中國

西元前33年，漢元帝去世，漢成帝劉驁即位。王昭君遠嫁呼韓邪單于

西元前29年，黃河金堤決口

磚，主要用來裝飾建築物，是一種融合模製、模印、雕刻和彩繪等技法的古代藝術品。它的題材廣泛，有的反映當時的農業、手工業和商業情況，有的刻畫當時市集、雜技、講學授經、尊賢養老等風俗人情，有的呈現宴會娛樂與神話傳說。根據畫像磚，還能看出

▲▶ 漢朝的畫像磚，圖畫內容反映當時的社會情況。

建築物主人的身分和經歷。

這些內容豐富的畫像磚，是研究兩漢時期民風、民俗的寶貴實物資料。

歷史事件09

# 西漢開始走下坡

## 被瓜分的權力

漢宣帝劉詢的繼承者是漢元帝劉奭（ㄕˋ），西漢就是從他開始衰落的。劉奭喜歡任用宦官，他認為宦官沒有家室，不會與親戚結黨營私。但事實恰恰相反，他最喜歡的宦官石顯，不僅與其他宦官狼狽為奸，還大膽的勾結朝廷大臣，試圖掌握朝政大權。雖然他的兒子漢成帝劉驁（ㄠˊ）繼位後，石顯就被罷黜，死在回鄉路上，但禍害早已造成，來不及挽救了。

漢元帝的皇后王政君從皇后做到皇太后、太皇太后，在位長達六十二年，這幾十年裡，她重用自己的親戚，穩固自己的勢力，在朝廷形成一個超級強大的外戚集團。後來滅亡西漢的王莽，就是王政君的侄子。

## 王昭君和親

西元前五十四年，匈奴呼韓邪單于被他哥哥郅支單于打敗，帶著部落南遷到長城外，距離西漢領土很近的地方。為了求得西漢庇護，他曾三次到長安向漢元帝請求通婚。像這樣，通過跟其他民族通婚表示友好、實現和平，是「和親」政策的一部分，後來的朝代也採用。

在民間流傳的故事版本中，王昭君原本是入宮的秀女，因為不肯賄賂畫工毛延壽，而被故意畫得很醜，不能入選漢元帝的後宮。王昭君得知呼韓邪單于前來請求和親，公主們都不願意，於是她自請出塞，漢元帝就將她賜給了呼

**大事記**

**世界**

**中國**

- 西元前1年，漢哀帝去世，漢平帝劉衎即位
- 西元1年，王莽稱安漢公，輔佐漢平帝執掌朝政

韓邪單于。

王昭君到匈奴後，被封為「甯胡閼氏」，閼氏就是夫人的意思。後來呼韓邪單于在西漢支持下，控制了匈奴全境，從那以後，匈奴與漢朝和好長達半世紀。

但是那些被選中擔任和親的女子，內心其實一點兒也不開心。一方面，她們離開自己的故鄉和家人，一旦和親，再也見到不家人；另一方面，其他民族的習俗、環境與漢族差異很大，實在難以適應。

比如依照匈奴習俗，失去丈夫的女性，必須再嫁給家族裡其他男性，但在中原禮法

中，這是不道德的行為。可以說，被派去和親的女子，是國家的政治犧牲品。

漢元帝死後，他的兒子劉驁繼位，史稱漢成帝。這是一個好色的皇帝，娶了趙飛燕姊妹，沉迷在溫柔鄉，為西漢將來的變故埋下了禍根。也是在這時，野心很大的王莽逐漸獲得了大權。

▲昭君出塞。

## 成功治理黃河

西元前二十九年，黃河多處決口，氾濫成災，淹沒農田、房屋，大批百姓受災，所以劉驁派大臣王延世主持治河。當時的黃河河道跟現在不一樣，是從今天的河南省武陟(ㄓˋ)縣蜿蜒到達河北省的大名、館陶等地，再注入渤海。

黃河水流湍急，怎麼才能讓堵塞缺口的石塊不被水沖走呢？王延世想出了一個好辦法。他讓人用竹子製作特別大的籠子，裝

▲漢成帝縱情聲色。

入石塊，再用兩條船夾著大竹籠，駛到河中央扔下去，這樣石塊就不會被水沖走了。河水終於被堵住，王延世又讓人在這些石頭上面加土夯實，僅僅用了三十六天，新堤就築成了，取名為愜山堰。

因為這次治河成功，劉驁非常高興，把年號改為「河平」，並冊封王延世為關內侯。

## 印度佛教傳入中國

劉騖去世後，侄子劉欣繼承皇位，就是漢哀帝。西元前二年，西域大月氏使臣伊存來到了西漢。他可能並不是最早來到中國的佛教徒，卻是第一個把佛經翻譯成漢語的人。歷史上第一部漢譯佛經《浮屠經》，就是他帶到中國的，並且傳授給弟子，這也是佛教傳入中國的重要事件。

所謂「浮屠」，其實就是是當時人們對「佛陀」的音譯，後來簡稱為「佛」。其實《浮屠經》並不是真正的佛教經典，只是一些佛教的常識。真正的佛教經典，要到東漢明帝的時候才被翻譯為漢語。

歷史事件10

# 短暫的新莽王朝

## 王莽掌握朝政

漢宣帝晚年，地方豪強開始大肆兼併土地、隱匿人口。到了漢成帝時期，社會危機愈發嚴重，各個階層都開始要求改革。王莽也在這時顯露出野心。

王莽生於當時權傾朝野的

▼黃河決堤。

王氏家族。他生活簡樸，為人謙恭，奉行儒家學說。平時他孝順長輩、扶助孤寡，而且完全沒有貴族公子的傲慢，非常樂於結交賢士，成為當時有名的道德楷模。

憑藉著家族勢力與良好的名望，王莽可以說是一路扶搖直上，成了大司馬，這在當時是很高的官職。西元前一年，漢哀帝去世後，王莽兼管禁軍，掌握了兵權。在擁立八歲的漢平帝劉衎（ㄎㄢˋ）登基後，王莽假惺惺的推辭再三，最後接受了「安漢公」的稱號，完全掌握了朝政。

在此期間，王莽還主持了一次精確的人口普查。據《漢書·地理志》記載，漢平帝元始二年（西元二年），全國共有一千二百二十三萬三千六百十二戶，五千九百五十九萬四千九百七十八人。

## 走樣的新朝改制

王莽剷除了反對派後，將自己的女兒嫁給漢平帝當皇后。西元四年，王莽又接受了象徵至高無上禮遇的九錫之禮（錫又通賜，九錫之禮是指皇帝賞賜給功勳大臣和諸侯的九種禮器或待遇，包括：車馬、衣服、虎賁、斧鉞等等）。他以重金誘使匈奴等外族遣使來表明歸順及朝賀，進一步提升了自己的名望。

一年多後，漢平帝病死，王莽立孺子嬰（劉嬰）為皇太子，他自稱假皇帝，假惺惺的代替天子處理朝政。幾年後，王莽直接逼迫太皇太后交出傳國玉

**大事記**

**世界**：西元14年，羅馬帝國皇帝屋大維（奧古斯都）去世，提比略即位

**中國**：西元8年，王莽稱皇帝，定國號為「新」；西元11年，黃河第二次大改道

璽，接受孺子嬰「禪讓」後稱帝，改國號為「新」。

王莽篡位，是靠輿論與朝野支持，首開經由「禪讓」而成為皇帝的先例。畢竟，再有權勢的大臣，也不能直接殺了現任皇帝，取而代之。至少要找個看似正當的理由，讓別人認可、信服，否則只會遭到天下人唾罵，也會被編修史書的人以負面形象寫進史書。而採用禪讓的方式，等於正統皇帝承認自己能力不足，要把皇位交給更能治理國家的人，這樣就名正言順了。

即位以後，王莽開始大刀闊斧的依照《周禮》進行復古改制，甚至還恢復了「井田制」。但是一千多年以前的制度早就不合時宜，他的做法加重了百姓的負擔，激起百姓反抗。

## 黃河決口 致命一擊

禍不單行，這時候黃河又發生了歷史上第二次大改道。西元十一年，也就是王莽建國三年後，黃河在魏郡（現今河北臨漳）決口，向東南方向大幅擺動，幾乎呈直線狀的從漯河（現今山東）流入渤海，形成一條非常穩定的入海通道。

許多地方都因這次黃河大改道而淹沒，大批農民流離失所。王莽也曾多次集合全國水利精英商討研究河患問題，不過，因為王莽的私心，沒有一種措施能夠有效施行。

這次黃河改道，對王莽政權是致命一擊。洪水造成的災情，不但減少了政府財政收入，更動搖了王莽的統治基礎。後來消滅王莽政權的起義軍，主要就是由災民組成。

## 原來是這樣啊

### 「穿越者」王莽

王莽是個具有傳奇色彩的人物，他上臺之後頒布了許多新措施，包括將土地收歸國有，規定土地不能私下進行買賣；改革幣制，鑄造新錢，並由政府來平定物價。某些措施跟近現代制度相似，以至於有人戲稱他是「穿越」回古代的現代人。他的部分做法或許是有道理，但是與當時的社會格格不入，老百姓難以接受，他的改革最終還是失敗了。

▼王莽推行新政，被戲稱他可能是從現代「穿越」回古代的「穿越者」。

# 歷史就是這樣演進的！

這部歷史從夏朝開始說起，這是因為在此之前有關三皇五帝等傳說，由於缺少歷史證據，往往被視為神話。

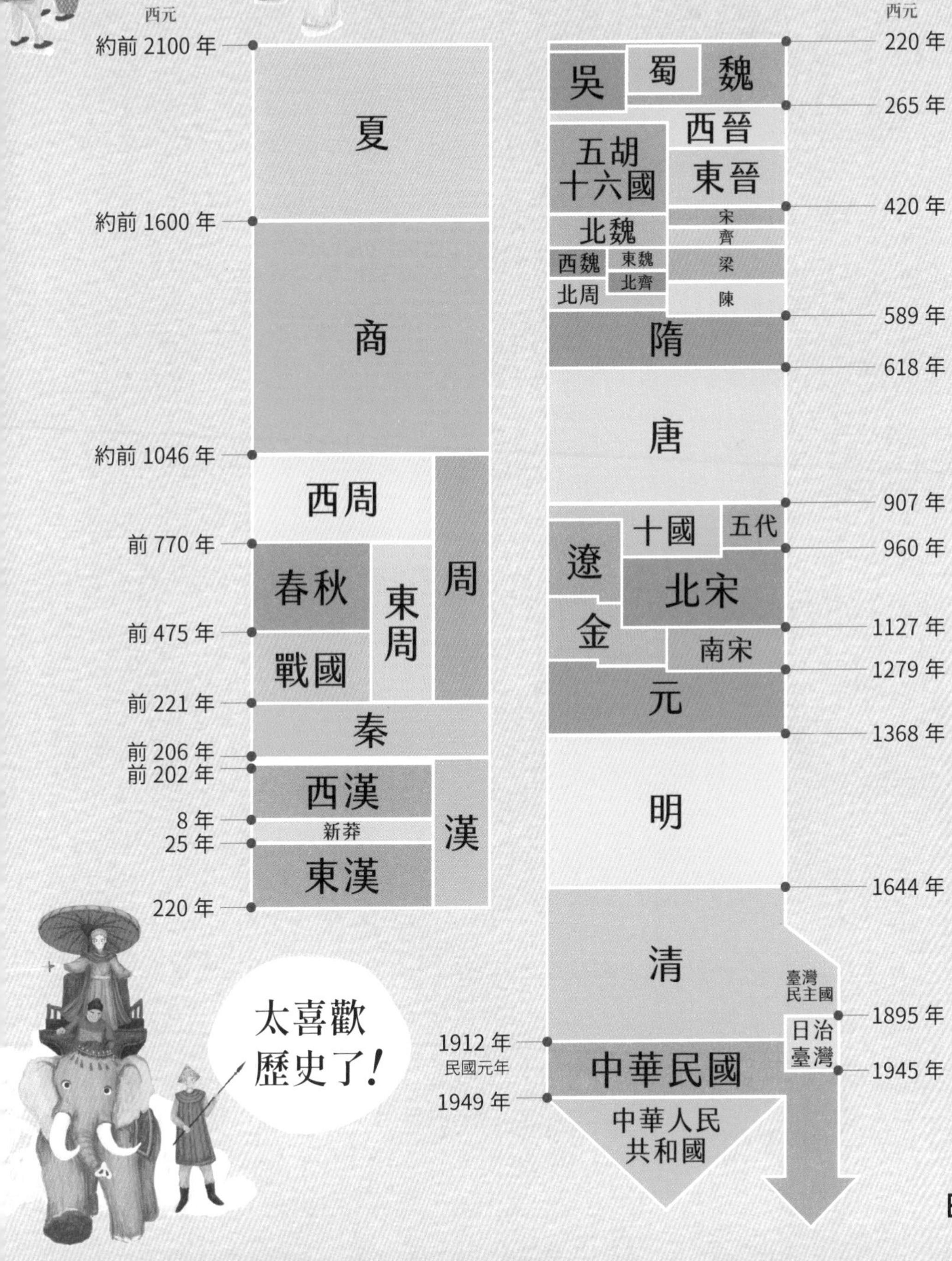


字畝

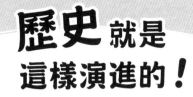

# 歷史就是這樣變化的！

歷史上，每個時代的疆域面積、統治族群，以及國都所在位置，都不斷的變化。而「統一」往往就是「分裂」的開始，分分合合是歷史常態。領土、統治族群、生活方式，也必然隨著時代演進，持續變動。歷史就是一部人類生存的變動史。

| | 朝代 | 都城 | 現今地 | 統治族群 | 開國 |
|---|---|---|---|---|---|
| | 夏 | 安邑 | 山西夏縣 | 華夏族 | 禹 |
| | 商 | 亳 | 河南商丘 | 華夏族 | 湯 |
| 周 | 西周 | 鎬京 | 陝西西安 | 華夏族 | 周武王姬發 |
| 周 | 東周 | 雒邑 | 河南洛陽 | 華夏族 | 周平王姬宜臼 |
| | 秦 | 咸陽 | 陝西咸陽 | 華夏族 | 始皇帝嬴政 |
| 漢 | 西漢 | 長安 | 陝西西安 | 漢族 | 漢高祖劉邦 |
| 漢 | 新朝 | 常安 | 陝西西安 | 漢族 | 王莽 |
| 漢 | 東漢 | 洛陽 | 河南洛陽 | 漢族 | 漢光武帝劉秀 |
| 三國 | 曹魏 | 洛陽 | 河南洛陽 | 漢族 | 魏文帝曹丕 |
| 三國 | 蜀漢 | 成都 | 四川成都 | 漢族 | 漢昭烈帝劉備 |
| 三國 | 孫吳 | 建業 | 江蘇南京 | 漢族 | 吳大帝孫權 |
| 晉 | 西晉 | 洛陽 | 河南洛陽 | 漢族 | 晉武帝司馬炎 |
| 晉 | 東晉 | 建康 | 江蘇南京 | 漢族 | 晉元帝司馬睿 |
| 南北朝 | 南朝<br>宋、齊、梁、陳 | 建康 | 江蘇南京 | 漢族 | 宋武帝劉裕等 |
| 南北朝 | 北朝<br>北魏、東魏、西魏<br>北齊、北周 | 平成<br>鄴<br>長安 | 山西大同<br>河北邯鄲<br>陝西西安 | 鮮卑<br>漢族<br>匈奴等 | 拓跋珪、元善見<br>宇文泰等 |
| | 隋 | 大興 | 陝西西安 | 漢族 | 隋文帝楊堅 |
| | 唐 | 長安 | 陝西西安 | 漢族 | 唐高祖李淵 |
| | 五代十國 | 汴、洛陽<br>江寧等 | 開封、洛陽<br>南京等 | 漢族 | 梁太祖朱溫等 |
| 宋 | 北宋 | 汴京 | 河南開封 | 漢族 | 宋太祖趙匡胤 |
| 宋 | 南宋 | 臨安 | 浙江杭州 | 漢族 | 宋高宗趙構 |
| | 遼 | 上京 | 內蒙古 | 契丹族 | 遼太祖耶律阿保機 |
| | 金 | 會寧 | 黑龍江哈爾濱 | 女真族 | 金太祖完顏阿骨打 |
| | 元 | 大都 | 河北北京 | 蒙古族 | 元世祖忽必烈 |
| | 明 | 應天府 | 江蘇南京 | 漢族 | 明太祖朱元璋 |
| | 清 | 北京 | 河北北京 | 滿族 | 清太宗皇太極 |

註：限於篇幅，本表不含各朝代後續遷都詳情。

國家圖書館出版品預行編目（CIP）資料

太喜歡歷史了：給中小學生的輕歷史 . 3, 秦與西漢 / 知中編委會 -- 初版 . -- 新北市 : 遠足文化事業股份有限公司字畝文化出版 : 遠足文化事業股份有限公司發行 , 2021.08
面； 公分
ISBN 978-986-0784-28-2（平裝）
1. 中國史 2. 通俗史話
610.9 110010217

## 太喜歡歷史了！給中小學生的輕歷史③ 秦與西漢

作 者：知中編委會

**字畝文化創意有限公司**
社 長：馮季眉
責任編輯：徐子茹
編 輯：戴鈺娟、陳心方、巫佳蓮
美術與封面設計：Bianco
美編排版：張簡至真

**讀書共和國出版集團**
社 長：郭重興｜發行人暨出版總監：曾大福
業務平臺總經理：李雪麗｜業務平臺副總經理：李復民
實體通路協理：林詩富｜網路暨海外通路協理：張鑫峰｜特販通路協理：陳綺瑩
印務協理：江域平｜印務主任：李孟儒
發 行：遠足文化事業股份有限公司
地址：231 新北市新店區民權路 108-2 號 9 樓
電話：(02) 2218-1417
傳真：(02) 8667-1065
電子信箱：service@bookrep.com.tw
網址：www.bookrep.com.tw
郵撥帳號：19504465 遠足文化事業股份有限公司
客服專線：0800-221-029

法律顧問：華洋法律事務所 蘇文生律師
印 製：凱林彩印股份有限公司



2021 年 8 月 初版一刷 定價：350 元
2022 年12月 初版五刷
ISBN 978-986-0784-28-2 書號：XBLH0023